Se o Brasil fosse uma aldeia

Se o Brasil fosse uma aldeia

Como vivem mais de 190 milhões de pessoas

Fernando Nuno
Ilustrações de Fábio Sgroi

Editora Melhoramentos

Nuno, Fernando
   Se o Brasil fosse uma aldeia – Como vivem mais de 190 milhões de pessoas /escrito por Fernando Nuno e ilustrado por Fábio Sgroi. São Paulo: Editora Melhoramentos, 2013.

   ISBN 978-85-06-06918-9

   1. Educação ambiental. 2. Política e proteção ambiental.
   3. Cidadania. I. Sgroi, Fábio. II. Título.

12/250   CDD 574.5

Índices para catálogo sistemático:
1. Educação ambiental   574.5
2. Preservação e política ambiental   574.5
3. Responsabilidade ambiental   574.5
4. Ecologia e meio ambiente   574.5
5. Biodiversidade   574.5
6. Cidadania   304.2

Obra conforme o Acordo Ortográfico da Língua Portuguesa

© 2013 Fernando Nuno Rodrigues
Ilustrações: Fábio Sgroi
Capa, projeto gráfico e diagramação: Nobreart Comunicação

Baseado na obra premiada de David J. Smith
If the World Were a Village / Se o Mundo Fosse uma Vila

Todos os direitos reservados.
Nenhuma parte deste livro pode ser reproduzida, armazenada ou transmitida por qualquer meio, eletrônico, fotocópia, gravação de som etc., sem a autorização escrita da Editora Melhoramentos Ltda.

Direitos de publicação:
© 2013 Editora Melhoramentos Ltda.
1.ª edição, janeiro de 2013

ISBN 978-85-06-06918-9

Atendimento ao consumidor:
Caixa Postal 11541 – CEP 05049-970
São Paulo – SP – Brasil
Tel.: (11) 3874-0880
www.editoramelhoramentos.com.br
sac@melhoramentos.com.br

Impresso no Brasil
   Cromosete

Sumário

Nós moramos aqui 7

Como começou o censo da aldeia 8

Quantos anos você tem? 10

Origens e religiões 12

A alimentação 14

Ensino e alfabetização 16

A economia e a distribuição da riqueza 18

Ar, água e saneamento 20

Eletricidade 22

Comunicações 24

A aldeia Brasil no passado 26

A aldeia Brasil no futuro 28

Formando cidadãos 30

Fontes de informação 32

Nós moramos aqui

O Brasil é o quinto maior país do mundo em tamanho. Além disso, é o quinto em número de habitantes – e olhem que existem quase duzentos países! **Nos 8.514.215 quilômetros quadrados do território brasileiro moram muitas pessoas: quase 200 milhões – para ser mais exato, 190.755.799**, de acordo com o censo realizado pelo Instituto Brasileiro de Geografia e Estatística (IBGE) em 2010. Isso quer dizer que o nosso país é, com efeito, muito grande e bem povoado.

Naturalmente, existem brasileiros de todas as idades: todos os anos nascem muitos bebês, e alguns dos habitantes do Brasil já são bem idosos. Há, principalmente, muitas crianças e jovens. Grande parte das pessoas que vivem no Brasil descende de imigrantes europeus, outras têm ancestrais africanos ou indígenas – ou várias dessas ascendências misturadas, o que dá um colorido todo especial à geografia humana de nosso país.

Essa gente toda tem religiões variadas. Muitos brasileiros são estudantes, e os trabalhadores se dedicam a profissões bem diferentes umas das outras.

Agora, imagine se o Brasil fosse uma pequena cidade, um vilarejo ou uma aldeia, de apenas 100 habitantes. Se, em vez de sermos mais de 190 milhões, fôssemos 100 pessoas vivendo aqui.

Quantos desses 100 moradores da aldeia Brasil seriam crianças, quantos adultos? Seria uma forma de entender melhor o grande conjunto de pessoas que vivem no país Brasil. Então, vamos fazer de conta que somos apenas 100 habitantes, e nesse faz de conta conheceremos melhor os fatos reais de nosso belo país.

Como começou o censo da aldeia

Luana e Bruno são irmãos e moram na Praça Brasília, que fica no centro da aldeia Brasil. Eles resolveram fazer um censo – isto é, contar quantas pessoas moram na aldeia, como elas são, em que condições vivem e o que fazem na vida.

Eles saíram perguntando de casa em casa e descobriram que têm 98 vizinhos. Ou seja: contando com eles, a aldeia Brasil tem 100 habitantes no total. Mas o que Luana e Bruno descobriram sobre as pessoas que vivem no vilarejo é surpreendente.

Em primeiro lugar, o menino e a menina pegaram um mapa com todas as ruas e dividiram a aldeia em cinco regiões, de acordo com a localização geográfica.

Nem todos os habitantes vivem na área urbana, a mais movimentada da aldeia. Em todas as regiões existe uma zona rural; nela ficam as florestas, além das fazendas e dos sítios em que são produzidos os alimentos.

Assim, 84 pessoas moram na aldeia propriamente dita, enquanto as outras 16 vivem no campo ou na floresta.

Os 100 brasileiros vivem em 33 casas. Isso significa que, **em média, cada residência tem 3 moradores**. Mas isso é simplesmente uma média – pois, na verdade, 4 das casas têm apenas um morador, enquanto em outras chegam a viver 4 ou mais pessoas em cada uma.

Distribuição da população da aldeia Brasil por região	
Norte	8 habitantes (nessa região fica a maior área verde da aldeia, a floresta Amazônica, que muitos habitantes estão tentando preservar)
Nordeste	28 habitantes
Centro-Oeste	7 habitantes
Sudeste	42 habitantes
Sul	15 habitantes

Quantos anos você tem?

A primeira coisa que Luana e Bruno descobriram foi que na aldeia Brasil **existem mais mulheres que homens: eles são 49 dos habitantes do lugar; já elas são 51.**

As pessoas também estão vivendo mais. Essa foi uma das primeiras coisas que eles perceberam ao comparar os dados do censo que estão fazendo com os de outras épocas. Com a melhora das condições de vida, de saúde e de higiene, as pessoas passaram a viver mais nos últimos anos.

Mesmo assim, ainda falta melhorar bastante essas condições para que os habitantes tenham mais qualidade de vida. No entanto, os brasileiros estão se alimentando melhor, e diminuiu muito o número de pessoas que morrem devido à fome.

A expectativa de vida dos brasileiros é de 73,5 anos. Mas esse número é uma média geral: várias pessoas morrem antes de atingir essa idade, outras vivem bem mais que isso. Um fato a notar é que há grande diferença entre mulheres e homens quando se trata de expectativa de vida. As mulheres da aldeia Brasil vivem, em geral, quase 8 anos mais que os homens.

OS 100 BRASILEIROS ESTÃO ASSIM DISTRIBUÍDOS POR IDADE

- 24 são menores de 14 anos
- 18 têm entre 15 e 24 anos
- 25 estão entre os 25 e os 39 anos
- 26 têm entre 40 e 64 anos
- 7 têm 65 anos ou mais

Em um século, houve grande evolução nesse aspecto: em 2000, a expectativa de vida dos brasileiros era de 68,6 anos. E imaginem que em 1900, há pouco mais de 100 anos, os habitantes da aldeia Brasil viviam apenas até os 42 anos, em média!

Agora as pessoas vivem mais tempo, mas os casais estão tendo menos filhos. Os brasileiros casados são 45, mas **os casais têm, em média, 1,9 filho** – isto é, menos de 2 filhos por casal. E 8 dos brasileiros casados não têm filhos. Com isso, há cada vez mais gente idosa, e a quantidade de jovens é proporcionalmente menor na população da aldeia.

Expectativa de vida
Homens: 69,7 anos
Mulheres: 77,3 anos
População total: 73,5 anos

Divisão por sexo
49 homens
51 mulheres

Origens e religiões

Ao contar os habitantes da aldeia Brasil, uma das primeiras coisas que Luana e Bruno descobriram é que eles têm origens muito diversificadas. Assim, pessoas de várias etnias convivem no vilarejo, praticando religiões diferentes, mas todas falam a mesma língua e estão unidas pelo sentimento de serem brasileiras.

Os moradores da aldeia são, na grande maioria, descendentes de pessoas que vieram de outros lugares durante os últimos séculos.

Por causa disso, a aldeia Brasil é bem colorida. As pessoas têm cores de pele bastante variadas, refletindo as distintas origens dos habitantes e ampliando as oportunidades de convivência e de aprendizado da tolerância.

O COLORIDO BRASILEIRO

- 43 pardos
- 47 brancos
- 8 negros
- 1 indígena
- 1 amarelo (descendente de asiáticos)

RELIGIÕES

- 65 católicos
- 22 evangélicos
- 8 ateus ou sem religião
- 2 espíritas
- 2 praticantes de religião afro-brasileira
- 1 fiel de tradição religiosa asiática

Várias religiões são praticadas pelos habitantes da aldeia Brasil. Um fato muito importante que Bruno e Luana constataram é que as pessoas de religiões diferentes costumam respeitar a fé umas das outras. Assim, esse é um lugar em que dificilmente as pessoas se tornam inimigas por causa de religião.

Na aldeia Brasil, elas são amigas, não importa qual seja sua fé, o que não acontece em outros lugares do mundo. Graças à **liberdade de culto** na aldeia, a pessoa pode praticar a religião que quiser – ou nenhuma delas, se for essa a sua vontade.

A alimentação

A aldeia Brasil tem condições propícias à produção de alimentos, com solo e clima bastante adequados à agricultura e à pecuária. Isso quer dizer que ela é autossuficiente, ou seja: tem plenas condições de produzir alimentos na quantidade necessária para que não haja mais brasileiros passando fome, além de exportar uma parte da sua produção para outros lugares.

Por outro lado, também importa alguns produtos, que dão mais variedade à alimentação dos brasileiros.

Mesmo com todos os progressos, ainda existem muitas desigualdades; mas os brasileiros vêm trabalhando para tornar a sua aldeia mais justa, dando oportunidades iguais a todos de se desenvolverem.

- **34 moradores da aldeia Brasil vivem em situação considerada de insegurança alimentar.** Isso significa que eles não se alimentam adequadamente, porque não ingerem todos os dias a quantidade mínima de calorias necessárias a uma vida saudável.
- **6 pessoas chegam realmente a passar fome**, sem ter o que comer em alguns dias; essa situação é chamada de "insegurança alimentar grave".

A aldeia Brasil é **um dos maiores produtores de alimentos do mundo**, a tal ponto que alguns especialistas acreditam que até 2030 se tornará o maior fornecedor de comestíveis do planeta, sendo já o quinto maior exportador agrícola.

Brasil, produtor de alimentos
Maior produtor do mundo de:
café, feijão, laranja, mamão e cana-de-açúcar
Segundo maior produtor mundial de:
mandioca, soja, carne bovina e outros alimentos
Terceiro maior produtor do mundo de:
leite, frango, milho, banana e frutas em geral

A área rural da aldeia tem grandes pastos, onde se cria gado, que fornece carne e leite não só aos brasileiros como também a outros povos. A criação de galinhas permite que quase toda a população tenha ovos à disposição – além da carne de frango, que é, em parte, exportada.

Ensino e alfabetização

Luana e Bruno sabem ler e escrever muito bem. Além de serem ótimos jogadores de videogame e participarem com os amigos das redes sociais na internet, eles adoram ler livros e tiram ótimas notas em redação.

Apesar de ainda haver analfabetos na população em idade escolar e adulta, a educação básica tem melhorado: entre os brasileiros com mais de 60 anos, a metade é de analfabetos funcionais, mas entre os mais jovens esse índice é bem menor.

Mesmo assim, ainda há muito a desenvolver, na área da educação, na aldeia Brasil.

ALFABETIZAÇÃO NO BRASIL

- 8 pessoas com mais de 15 anos não sabem ler
- Além desses 8 analfabetos, outros 12 brasileiros acima de 15 anos são considerados analfabetos funcionais, isto é, apesar de terem aprendido a ler, não conseguem entender o que leem

A economia e a distribuição da riqueza

Luana e Bruno descobriram que **53 brasileiros trabalham**. Dentre eles, **34 têm emprego com carteira profissional assinada** e 3 são funcionários públicos. Há também 3 empresários. Os brasileiros restantes em idade de trabalhar não têm emprego fixo com carteira assinada.

É proibido o trabalho infantil, e os jovens só podem trabalhar depois de completar 16 anos. Antes disso, a criança e o jovem precisam estudar e... brincar!

As atividades econômicas têm se desenvolvido, mas existem ainda desigualdades em vários aspectos da economia da aldeia Brasil.

Em média, cada brasileiro ganhou R$ 1.490,00 por mês em 2010.

Os 5 brasileiros mais pobres vivem com menos de R$ 78,00 por mês, enquanto os 2 mais ricos recebem mais de R$ 6.200,00 mensais. Os 10 habitantes mais ricos ganham 44,5% dos rendimentos da aldeia, enquanto os outros 90 brasileiros recebem 55,5%. Por causa disso, 6 dos habitantes da aldeia vivem em favela.

Essa diferença se reflete até no pagamento de impostos: os 10 brasileiros que ganham menos pagam 32,8% do que ganham; já os 10 habitantes mais ricos da aldeia pagam ao governo 22,7% do que recebem.

Com o passar dos anos, as mulheres vêm ganhando espaço no mercado de trabalho, embora ainda haja predominância do sexo masculino. Além disso, em 2010, **os salários dos homens eram, na média, 25% maiores que os das mulheres!**

Trabalhadores, por sexo	
Nas empresas e nos órgãos públicos, trabalham:	
25 mulheres	28 homens

A economia brasileira tem ótimas perspectivas. Como vimos, a aldeia Brasil recebe dinheiro com a exportação de vários alimentos. Além disso, **muitos minérios brasileiros são explorados e enviados para outras partes do mundo. Os mais importantes são o ferro, o manganês e a bauxita**, com base na qual é produzido o alumínio. Com isso, a entrada de recursos tem sido grande, ajudando a economia a se desenvolver.

Ar, água e saneamento

Como a aldeia Brasil tem uma grande área florestal, respira-se ar puro em boa parte do vilarejo. No entanto, nas áreas em que existem mais automóveis e indústrias, a qualidade do ar se torna imprópria em alguns dias do ano. Estão sendo feitos estudos para desenvolver combustíveis menos poluentes.

A água potável é um bem precioso. No mundo, há 29 países com problema de falta desse bem, mas o Brasil tem água suficiente para abastecer cinco vezes a população da Terra. Poucos lugares do mundo são tão bem abastecidos: o Brasil possui 20% da água doce superficial do planeta, em rios, canais, lagos, represas e açudes. No entanto, nem toda essa água é potável – isto é, nem toda ela está em condições de ser bebida ou destinada a outros usos nos lares. Mesmo assim, o Brasil tem 12% da água potável do mundo.

Vários mananciais estão poluídos pelos esgotos que são lançados na natureza. Por isso, nem todos os habitantes da aldeia têm acesso fácil à água em condições de uso doméstico.

- 27 moradias, das 33 existentes na aldeia, recebem água tratada
- 18 casas estão ligadas ao sistema de coleta de esgotos

A preocupação com a coleta e a destinação do lixo vem crescendo. Luana e Bruno descobriram que cada habitante da aldeia Brasil produz em média 1,2 kg de lixo por dia. Grande parte desses resíduos é gerada pelas indústrias; o volume de lixo doméstico produzido pelos habitantes da aldeia é menor.

- Das 33 residências da aldeia, 28 dispõem de serviço de coleta de lixo, que vai quase todo para um aterro sanitário.

- Também cresce a consciência de que **é necessário reciclar** os materiais reaproveitáveis jogados no lixo. Por isso, a cada ano tem crescido a coleta seletiva, que reutiliza papel e papelão, plásticos, metais e vidros. Embora ainda sejam poucos os habitantes que aderiram a essa prática ou que dispõem desse serviço, já há alguns resultados animadores.

A aldeia Brasil recicla o alumínio de 97% das latinhas descartadas e 55% do plástico das garrafas pet. Há muito a fazer no futuro, mas os primeiros passos já foram dados.

Eletricidade

Bruno e Luana constataram que a rede elétrica da aldeia atende a quase todos os habitantes: 98 brasileiros têm acesso à eletricidade; apenas 2 pessoas, que moram mais longe da área urbana, não têm acesso à rede elétrica.

Quase toda a energia da aldeia é produzida de modo renovável, numa usina hidrelétrica, na grande barragem de um rio. Há também uma usina termelétrica, que obtém energia pela queima de combustíveis. No entanto, como ela causa poluição, é usada apenas para cobrir eventuais falhas na geração de energia hidrelétrica, principalmente quando falta água – isto é, quando há falta de chuvas para abastecer o rio e a represa.

No mundo todo, 20% da energia utilizada é gerada por usinas hidrelétricas. Nesse sentido, a aldeia Brasil é privilegiada quanto à utilização da água na produção de energia elétrica, graças a seus rios e a suas represas:

- **93% da eletricidade utilizada no Brasil é produzida em usinas hidrelétricas**
- **Quase todos os 7% restantes vêm de termelétricas**

No entanto, também estão se desenvolvendo outras formas de energia limpa, assim chamadas porque são menos poluentes. Entre as que poderão vir a ser usadas cada vez mais no futuro estão a propiciada pelo vento (eólica), pela luz do Sol (solar) e pelos biocombustíveis, como o etanol (álcool etílico).

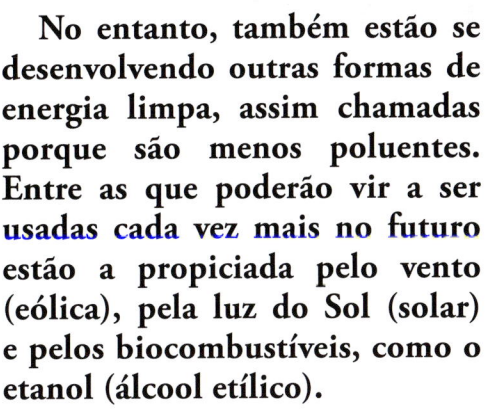

Também se discute a utilização da energia nuclear. No entanto, têm ocorrido problemas com essa fonte de energia em outros lugares do mundo devido ao vazamento de material radiativo, que pode causar inúmeras doenças. Por isso, os brasileiros têm preferido investir em outros tipos de geração de energia. Mas continua aberta a possibilidade do uso do átomo com esse fim, desde que as usinas se tornem mais seguras.

A descoberta de grandes jazidas de petróleo no solo abaixo das águas profundas, não longe da costa, poderá trazer novas riquezas. Mas a aldeia Brasil não abriu mão do desenvolvimento das fontes renováveis, de energia mais limpa, pois o uso do petróleo gera poluição. A sabedoria está em saber equilibrar o uso desses recursos de modo a promover o desenvolvimento sem destruir a natureza.

Comunicações

Os meios de comunicação têm se desenvolvido bastante. O rádio continua a ser muito difundido, mas o uso do telefone celular é o que mais cresce.

APARELHOS DE RÁDIO

- 20 dos 24 automóveis da aldeia Brasil têm aparelho de rádio.
- 30 das 33 moradias também têm rádios.

TELEVISÕES

- Há 80 aparelhos de TV na aldeia Brasil; isso significa que muitas casas têm mais de 1 aparelho.
- 32 moradias têm televisão.
- 7 delas dispõem de TV a cabo.
- Portanto, é maior a quantidade de residências que têm televisão do que a daquelas que têm rádio.

Telefones

- 30 das 33 casas da aldeia têm algum tipo de telefone, fixo ou celular.

- 158 é o número de aparelhos telefônicos (fixos e celulares) contados por Luana e Bruno no censo da aldeia.

- 134 celulares já estão em uso pelos 100 habitantes, mais de 1 por pessoa! E a quantidade de telefones celulares continua crescendo dia a dia!

- 18 das casas já têm os dois tipos de telefone. Assim, existem mais telefones do que habitantes na aldeia.

- Existem 24 telefones fixos nas 33 casas da aldeia.

Computadores

- 44 computadores estão em atividade nas casas e nas empresas da aldeia, segundo a contagem de Bruno e Luana.

- 20 residências têm microcomputadores, o que é um avanço importante quando se considera que no ano 2000 apenas 6 domicílios tinham computador.

- 17 computadores domésticos acessam a internet.

Carros

24 automóveis – ou seja, 1 para cada 4 habitantes, aproximadamente – foram contados por Luana e Bruno na aldeia Brasil.

A aldeia Brasil no passado

Estudando nos livros da biblioteca, Luana e Bruno descobriram que a população do lugar em que moram cresceu muito ao longo do tempo.

- Em 1872, a aldeia Brasil tinha apenas 5 habitantes, imaginem só!
- Em 1900 – ou seja, 28 anos depois –, eles ainda eram 9
- Em 1970 – passados mais 70 anos –, havia 49 brasileiros
- No ano 2000 – em apenas mais 30 anos –, já eram 89 os habitantes da aldeia
- ...até chegar ao número de 100 brasileiros em 2010!

E, como vimos neste livro, além de ter aumentado o número de habitantes da aldeia, houve melhora nas condições de vida no decorrer de todo esse tempo.

A aldeia Brasil no futuro

Estima-se que em 2025 o país Brasil terá 212 milhões de habitantes. Se continuarmos pensando nos termos da aldeia Brasil deste livro, diremos que 111 pessoas deverão morar nela nesse mesmo ano de 2025; é como se sua população ganhasse mais ou menos 2 novos moradores a cada cinco anos.

Os brasileiros da década de 2010 têm muitos motivos para se orgulhar de seu país: é uma democracia estável e sua economia cresce, apesar da grave crise econômica mundial. Além de ter grandes belezas naturais, o Brasil, com seu solo fértil e produtivo, é considerado um dos grandes celeiros do mundo.

Também na área de energia, o Brasil tem muito potencial, graças a suas grandes reservas de água doce e à possibilidade de produzir energia mais limpa com suas hidrelétricas e com o uso do álcool como combustível. Além disso, a descoberta de grandes jazidas de petróleo no solo marinho profundo – a chamada camada do pré-sal – abre grandes perspectivas para o futuro.

Não é à toa que, no final de 2011, a economia brasileira tornou-se a sexta maior do mundo em quantidade de recursos, ultrapassando a do Reino Unido, com expectativa de se tornar a quarta maior economia da Terra até 2025.

No entanto, é um país que possui ainda graves problemas por resolver. Mesmo a informação de que a economia brasileira ultrapassou a britânica pode gerar uma visão enganosa dessa questão. No total, a economia brasileira já é maior que a do Reino Unido; mas, como esse país tem menos habitantes que o Brasil, os seus habitantes, os britânicos, têm renda *per capita* bem maior que a dos brasileiros. Isso significa que, na média, cada britânico tem muito mais dinheiro que cada brasileiro.

Além disso, como a renda é mal distribuída no Brasil, os muito ricos têm muito mais que o restante da população. Por isso existe ainda muita pobreza entre os brasileiros. É verdade que as condições de vida das classes menos favorecidas têm melhorado nos últimos anos, mas ainda há muito a fazer.

As condições gerais de higiene, bem-estar, saúde e educação estão muito abaixo do que se poderia esperar da sexta maior economia do mundo.

No ensino, na educação, em especial, é preciso investir muito: a aldeia Brasil não tem conseguido formar, nas universidades e nas escolas técnicas, profissionais suficientes para acompanhar as necessidades do crescimento da economia.

Formando cidadãos

Os habitantes da aldeia Brasil são os cidadãos brasileiros. Ser cidadão significa saber conviver com as outras pessoas do lugar em que vivemos. Todos os cidadãos possuem direitos, garantidos por leis, e têm deveres, ou obrigações, para que a convivência de todos aconteça sem causar prejuízos ou sofrimentos às pessoas.

A cidadania envolve muitas atitudes e comportamentos. **Cuidar bem do planeta e das pessoas, por exemplo, é cuidar bem de nós próprios.**

Um ponto fundamental é saber usar a água com inteligência. Como vimos, o acesso a ela está se tornando cada vez mais difícil, com o aumento da população da Terra e com a poluição. A água que as pessoas utilizam geralmente volta para a natureza pelos esgotos, misturada com muita sujeira. Para conseguir água limpa, é preciso ir buscá-la cada vez mais longe, construindo grandes redes de encanamentos.

Como a quantidade de água limpa não aumenta, e como existem cada vez mais pessoas no mundo precisando dela, aqui estão algumas dicas para usá-la bem:

- *Feche a torneira enquanto escova os dentes antes de enxaguar a boca.*
- *O mesmo vale para o banho: ao passar o xampu ou se ensaboar, feche a torneira.*
- *Varra a calçada em vez de lavá-la.*

Outras ações importantes de cidadania que podemos aprender desde cedo são:

- *Não jogar lixo no chão, nas ruas, nos parques, nas florestas, nas praias. Nos passeios ao ar livre, se formos a lugares em que não há lixeiras, devemos levar sempre um saquinho para guardar e trazer de volta o lixo que produzirmos.*
- *Separar os resíduos orgânicos e o lixo reciclável.*
- *Respeitar as pessoas idosas. Melhor ainda: agir sempre de modo educado com todas as pessoas; desse modo, será mais provável que também sejamos tratados com educação.*
- *Seguir as regras de trânsito. Atravessar a rua sempre na faixa de pedestres e com o sinal aberto, quando eles existem. Nos transportes públicos, como o ônibus e o metrô, ceder o assento para idosos, deficientes e mulheres grávidas. Ajudar as pessoas com deficiência sempre que precisarem de auxílio e estivermos em condições de fazer isso.*

- *Preservar a vida em todas as suas formas, também cuidando das plantas e tratando bem os animais.*
- *Respeitar as minorias para que a vida em democracia seja verdadeira.*

Um assunto importante para se sentir um cidadão participante é acompanhar a política. Em época de eleição, os cidadãos devem se informar o máximo possível sobre os candidatos a cargos públicos, para evitar que políticos corruptos ocupem o governo. A corrupção é o roubo do dinheiro público, dos impostos que todos os cidadãos pagam para que haja mais escolas, hospitais e estradas, entre muitos outros bens públicos. O dinheiro roubado pelos políticos corruptos faz aumentar a fome e a pobreza, pois são desviados recursos que poderiam promover ações para melhorar o nível geral de vida dos habitantes mais carentes. E, como vimos, a aldeia Brasil ainda tem muitas pessoas nessa situação. Também a violência aumenta em toda parte quando há mais corrupção.

Como Luana e Bruno, você perceberá que existem inúmeros outros assuntos a considerar para ser um bom cidadão.

O ideal, portanto, é que sejamos solidários, nos comportemos como cidadãos, não só economizando água, reciclando o lixo e sabendo agir corretamente no trânsito ou cuidando bem dos animais, mas também não discriminando nenhuma pessoa por causa da cor da pele ou por nenhum outro motivo, conversando em família sobre a necessidade de combater a corrupção, auxiliando quem precisa e aceitando receber ajuda quando somos nós que precisamos dela.

Na classificação mundial em qualidade de vida, entre os quase 200 países do mundo, o Brasil ocupava a 84.ª posição no ano de 2011, mesmo tendo uma das maiores economias. Essa classificação é o Índice de Desenvolvimento Humano (IDH), que mede a qualidade de vida das pessoas em muitos países. Para fazer esse cálculo, os pesquisadores do Programa das Nações Unidas para o Desenvolvimento (PNUD) avaliam o nível de educação (alfabetização e escolaridade), a renda média anual dos habitantes e a longevidade (quantos anos os cidadãos do país esperam viver).

Em 2011, o IDH do Brasil chegou a 0,718, que significa desenvolvimento humano médio, mas já perto do nível alto, que é de 0,8. Ou seja, as novas gerações têm um grande desafio pela frente: tornar o Brasil cada vez melhor para todos os brasileiros, para que ele fique à altura da vitalidade de sua economia.

Estimulando a cidadania, a aldeia Brasil se tornará um lugar cada vez melhor para se viver.

Fontes de informação

Os cálculos deste livro

A maior parte dos cálculos deste livro tomou como base os dados do Censo de 2010, realizado pelo Instituto Brasileiro de Geografia e Estatística (IBGE).

Obras impressas – como enciclopédias, atlas e livros sobre história e geografia do Brasil – nos ajudam a entender melhor a nossa grande e bela aldeia.

No caso de dados referentes aos anos seguintes a 2010, algumas contas para chegar aos resultados apresentados aqui se basearam nas pesquisas e nos cálculos de outras fontes, como o Programa das Nações Unidas para o Desenvolvimento (PNUD), o Instituto de Pesquisa Econômica Aplicada (Ipea), do governo federal, e a Fundação Getulio Vargas (FGV), que é uma importante instituição brasileira.

Estes sites também ajudam a encontrar dados sobre a aldeia que na verdade é um grande país, o Brasil:

http://ibge.gov.br

www.censo2010.ibge.gov.br

http://pt.wikipedia.org/wiki/Censo_demogr%C3%A1fico_no_Brasil

www.infoescola.com/geografia

http://cps.fgv.br

www.brasil.gov.br/noticias

www.brasilescola.com/educacao/educacao-no-brasil.htm

www.brasilescola.com/sociologia/classes-sociais.htm

http://ambientes.ambientebrasil.com.br/saneamento.html

www.ihu.unisinos.br/noticias/508354-energias-alternativas-ja-sao-uma-realidade-no-brasil

http://agenciabrasil.ebc.com.br/assunto/cidadania

www.estadao.com.br/noticias/impresso,o-futuro-do-brasil-depende-da-educacao,746772,0.htm

Acesso em: 7 nov. 2012.